AF525685
www.entdecke.de

Entdecke die Wölfe

Moritz Klose und Roland Gramling

Titelbild: Bitte recht freundlich! Dieser Europäische Wolf scheint in die Kamera zu lächeln.
Rückseite: Wolfswelpen sind einfach putzig!

Seite 1: Das Heulen stärkt den Rudelzusammenhalt
Seite 2/3: Wölfe sind überwiegend in der Dämmerung aktiv

4., aktualisierte Auflage 2025

ISBN: 978-3-86659-394-7

An der Kleimannbrücke 39/41
48157 Münster
Tel.: 0251-13339-0, Fax: 0251-13339-33
E-Mail: verlag@ms-verlag.de
Home: www.ms-verlag.de
Geschäftsführung: Matthias Schmidt
Layout: Isabell Büchter
Lektorat u. Bildredaktion: Kriton Kunz
Druck: Drusala, Dobrá

Titelbild: shutterstock Holly Kuchera
Rückseite: shutterstock Eric Isselee
Vorsatz: Shutterstock/Big Pants Production

Arco Digital Images
S.2/3: Dorothy Keeler
S.4/5: Staffan Widstrand
S.8/9: D. Usher
S.10 oben: R. Wittek
S.12/13: Staffan Widstrand
S.13 Mitte links: Emanuele Biggi
S.13 Mitte rechts: Malcolm Schuyl
S.13 unten links: J. De Meester
S.13 unten rechts: Wild Wonders of Europe/Benvie
S.14 oben: Bernard Jaubert
S.17 oben: Bernard Jaubert
S.21 Mitte rechts: TUNS
S.22 Mitte: Jamie Hall
S.22/23 unten: Frank Sommariva
S.23 oben: Rod Williams
S.24 oben links: G. Lacz
S.25 oben: Hugh Clark
S.25 Mitte: G. Lacz
S.26/27: Angela to Roxel
S.28 unten: image2010
S.31 oben: Pete Oxford
S.34/35: Staffan Widstrand
S.34 unten links: H. Jegen
S.34 unten rechts: Laurent Geslin
S.36/37: Jose B. Ruiz
S.36 oben: Lassi Rautiainen
S.36 Mitte unten: Chadden Hunter
S.36 unten: Oliver Scholey
S.38/39: Staffan Widstrand
S.38 oben rechts: Angelo Gandolfi
S.42: Pete Cairns
S.43 oben rechts: R. Wittek
S.43 unten: Sunbird Images
S.44/45: Fotofeeling
S.44 oben: Jack Chapman
S.44 Mitte: G. Lacz
S.45 oben: H. Jegen
S.46: Tom Vezo
S.48 oben: Laurent Geslin
S.48 unten: W. Rolfes
S.49 oben links: Edwin Giesbers
S.49 oben Mitte: G. Lacz
S.49 oben rechts: Konrad Wothe
S.49 unten: Loulou Beavers/NiS
S.51 oben: Paul Sawer
S.51 unten: Yva Momatiuk & John Eastcott
S.52 oben: Pete Cairns
S.52 unten: Wild Wonders of Europe/Widstrand
S.56/57: Hans Blossey
S.57 oben: Gerken & Ernst
S.60: Paul Sawer
S.61 oben: Michael Weber
S.61 Mitte: Staffan Widstrand
S.61 unten: Angelo Gandolfi

mauritius images
S.13 oben: United Archives
S.17 unten: Alamy
S.25 unten: Alamy
S.30 oben: dieKleinert Author Wolfgang Privitzer

shutterstock
S.1: Nagel Photography
S.6 oben: Chanwit Whanset
S.7 oben: die Fotosynthese
S.11: Iron Mary
S.14 unten: Pashu Ta Studio
S.15 oben: Ben Queenborough
S.15 unten: alekuwka
S.16 oben: GoneWithTheWind
S.16 unten: manfredxy
S.20 oben links: Martin Mecnarowski
S.23 Mitte: Martin Mecnarowski
S.31 unten: Tatyana Vyc
S.32 oben: Vitaly Titov
S.35 oben: Andrew Astbury
S.57 unten: Nancy Bauer
S.59 oben: Abeselom Zerit
S.63: happy_hour
S.18/19: HS3RUS
S.18 unten: xLabrador
S.20/21: karlumbriaco
S.21 oben links: mirceax
S.24 oben: Simoneemanphotography
S.24 unten: GlobalP
S.28/29: ANNECORDON
S.30/31: Ingram Publishing
S.32/33: Eriklam
S.33 oben: Laures
S.40/41: Simono02
S.47 oben: abzerit
S.47 unten: Jupiterimages
S.50/51: JohnPitcher
S.52/53: KevinCass
S.54/55: ViktorCap
S.60 oben rechts: rashadashurov
S.64: AarStudio

WILDLIFE Bildagentur GmbH
S.20 Mitte oben: Biosphoto/juniors@wildlife
S.36 Mitte oben: Cox, D.J./juniors@wildlife
S.43 oben links: WILDLIFE/D.J.Cox

Thinkstock Images
S.6/7 unten: Johny87
S.10 unten: bobash
S.14-17 Hintergrund: daboost
S.14 unten frei: andyKRAKOVSKI

Moritz Klose und Roland Gramling:
S.38 oben links
S.40 oben
S.58/59

Inhaltsverzeichnis

Willkommen in der Welt der Wölfe!

Der Wolf ist zurück in Deutschland! Und er fühlt sich bei uns ziemlich wohl. In immer mehr Regionen werden die Tiere wieder heimisch. Eine beachtliche Entwicklung, denn aus Angst verfolgten die Menschen die Wölfe früher gnadenlos – und rotteten sie in vielen Ländern aus, mit dem „Schießgewehr“ wie im Märchen, aber auch mit Fallen und Giftködern. Anfang des letzten Jahrhunderts wurde in Deutschland der letzte wilde Wolf getötet.

Nachdem die Art bei uns 1990 unter Schutz gestellt wurde, konnten wieder Wölfe aus Polen gefahrlos einwandern. In der ostdeutschen Lausitz siedelten sich daraufhin auf einem Übungsgelände der Bundeswehr zwei Wölfe an und gründeten dort die erste deutsche Wolfsfamilie seit mehr als 90 Jahren. Seitdem kannst Du mit etwas Glück auch in Deutschland wieder nachts die Wölfe heulen hören.

Wölfe leben in Familien zusammen, in sogenannten Rudeln. Ein Rudel besteht meist aus den Eltern und ihrem Nachwuchs, den Welpen. Ein einziges Wolfsrudel braucht ein ziemlich großes Revier, um genügend Nahrung zu finden. Doch nicht überall auf der Welt sind die Reviere gleich groß. In Italien reichen 150 Quadratkilometer (so groß wie Augsburg), in der Arktis brauchen sie bis zu 1 000 Quadratkilometer (größer als Berlin).

Wölfe sind wunderschöne, intelligente und interessante Tiere!

Wolfssteine

In früheren Jahrhunderten wurden manchmal behauene Steine mit Inschriften aufgestellt, um an besondere Wolfsjagden zu erinnern. Heute dagegen errichten Artenschützer Wolfssteine, um auf die Rückkehr dieser Tiere nach Deutschland aufmerksam zu machen.

Xabi

Im asiatischen Kasachstan stellen berittene Jäger noch heute traditionell mit Steinadlern Wölfen nach. Die Kleidung dieses Jägers besteht zum Teil aus Wolfsfell.

Wölfe machen aus gutem Grund vieles gemeinsam. Allein nämlich könnte ein Wolf sehr schlecht große Tiere wie einen Hirsch, ein Rentier oder gar einen Moschusochsen erlegen. Ältere Geschwister helfen deshalb ihren Eltern beim Jagen und beim Versorgen der Welpen mit Nahrung. Während die Wolfsmutter in den ersten Wochen bei den Neugeborenen in einem Versteck bleibt, können die übrigen Rudelmitglieder gemeinsam auf Jagd gehen.

Die Beziehung zwischen Mensch und Wolf ist ziemlich kompliziert. Viele Menschen freuen sich darüber, dass die Tiere nach Deutschland zurückgekommen sind. Andere hingegen ärgern sich oder haben gar Angst. Mancher Jäger sieht im Wolf einen Konkurrenten. Und einige Bauern befürchten, dass die Wölfe ihre Schafe, Ziegen oder Kühe als Beute betrachten. Die „Angst vorm bösen Wolf", der wie im Märchen die sieben Geißlein oder das Rotkäppchen frisst, ist weit verbreitet. Doch in den Geschichten von uns Menschen ist der Wolf nicht immer der Bösewicht. In vielen Kulturen und Ländern werden die Tiere verehrt. Das hat vielleicht auch damit zu tun, dass der beste Freund des Menschen, der Hund, ursprünglich vom Wolf abstammt.

Ihr dichtes Fell schützt Wölfe hervorragend vor Kälte

Wölfe sind sehr sozial und leben im Rudel

Bestimmt möchtest Du mehr über diese majestätischen, sagenumwobenen Tiere erfahren, die endlich wieder nach Deutschland zurückgekommen sind. In diesem Buch schildern wir Dir, wie Wölfe leben, warum sie noch immer bedroht sind und was Du beachten musst, wenn Du in einer Region unterwegs bist, in der auch Wölfe zu Hause sind. Außerdem erfährst Du, wie aus dem Wolf der Hund wurde und welche besondere Rolle der Wolf in Märchen und Legenden spielt. Komm mit auf eine spannende Reise durch die Welt der Wölfe!

Heul doch!

Auch wenn es oft behauptet wird – Wölfe heulen nicht den Mond an. Sie heulen auch nicht, weil sie traurig wären. Vielmehr verständigen sie sich damit untereinander, und zwar auch über weite Distanzen. Wusstest Du beispielsweise, dass ein Wolf das Heulen eines Artgenossen noch in zehn Kilometern Entfernung hören kann?

Jeder Wolf hat einen eigenen Ruf. Ältere Wölfe heulen ganz anders als junge. Das gemeinsame Heulen im Rudel stärkt den Zusammenhalt, außerdem wird dadurch das Revier markiert: Wo ein Rudel heult, halten sich andere Wölfe eher fern. Und Wölfe, die noch kein eigenes Rudel haben, machen durch Heulen auf sich aufmerksam, um einen Partner zu finden.

Der Mythos, dass Wölfe den Mond anheulen, kommt vielleicht daher, dass Wölfe meist in der Nacht aktiv sind und deshalb auch dann heulen, wenn der Mond am hellsten scheint.

Das gemeinsame Heulen verstärkt den Zusammenhalt des Rudels. Außerdem zeigen die Tiere damit: „Das ist unser Revier!“

Wenn Forscher heulen

Ahuuuuu! Wusstest Du, dass manche Menschen das Heulen von Wölfen nachmachen? Probiere es selbst einmal aus! In Wolfsgebieten heulen Forscher in der Hoffnung, dass sie von Wölfen in der Umgebung eine Antwort bekommen. So wissen sie, wo die Wölfe leben und manchmal sogar, wie viele es sind.

Der Wolf ist ein Raubtier oder Beutegreifer. Daher leitet sich auch sein Name ab.

Von Sternbildern und Pfadfindern

Das Wort „Wolf“ hat seinen Ursprung in dem uralten Begriff ulko-s, der sich vermutlich aus dem Wort „uel“ ableitet. Es bedeutet „an sich reißen“ oder auch „rauben“. Der Wolf ist also ein „Reißer“, ein „Raubender“ oder – um es in unserer heutigen Sprache zu sagen – ein Raubtier. Viele Biologen und Wolfsforscher sprechen jedoch lieber von einem „großen Beutegreifer“, da Wölfe keine Einbrecher sind, die uns Menschen ausrauben. Sie folgen nur ihrem natürlichen Überlebensinstinkt, indem sie Beute jagen, um ihren Hunger zu stillen und ihre Familie zu ernähren.

Wölfe sind Teil vieler Sprichwörter und Redewendungen. Wenn wir jemanden „den Wölfen zum Fraß vorwerfen“, bedeutet das, wir hintergehen ihn und warnen ihn nicht, obwohl wir wissen, dass er gerade in eine Falle läuft. Bekannt ist auch der „Wolf im Schafspelz“. Die Redewendung stammt ursprünglich aus der Bibel und meint einen Menschen, der seine bösen Absichten durch Unschuld tarnt oder vorgibt, nur Gutes zu wollen.

Sprichwörtlich ist der „Wolf im Schafspelz“, also jemand mit bösen Absichten, der sich aber verstellt

Das Wort „Wolf“ hat noch einige andere Bedeutungen. Seine Eigenschaft als „Reißender“ kommt auch in den Namen mancher Geräte zum Ausdruck, etwa des Fleischwolfs oder des Reißwolfs.

Ein Sternbild, das nur am Südhimmel der Erde, etwa über Australien, beobachtet werden kann, trägt den Namen Wolf. Die antiken Sumerer, Babylonier und Assyrer haben sich diese Bezeichnung vor 2 000 Jahren ausgedacht. Damals war die Sternenkonstellation noch über dem Mittelmeer zu erkennen. Im Lauf der Zeit hat sich jedoch die Erdachse verschoben, und der Sternen-Wolf ist immer weiter nach Süden gewandert.

Ein Sternbild am Südhimmel wurde schon in der Antike nach dem Wolf benannt. Hier siehst Du eine idealisierte Darstellung samt den dazugemalten Umrissen des Tiers.

Ein Tier mit vielen Namen

In Tierfabeln wird der Wolf auch als Isegrim bezeichnet. Biologen und Forscher weltweit sprechen von Canis lupus – das ist der aus dem Lateinischen abgeleitete wissenschaftliche Name des Wolfs.

Der Wolf als mächtiges Raubtier hat die Fantasie des Menschen schon immer beflügelt

Wölflinge mit ihren Gruppenleitern bei den Pfadfindern

Nicht nur Astronomen kennen den Wolf, sondern auch Musiker. Wenn Streichinstrumente wie Cello oder Kontrabass bei bestimmten Noten leise gespielt werden, kann ein „Wolf" herauskommen. Der sogenannte Wolfston hört sich an wie ein Stottern oder Blubbern. Musiker sagen dann, das Instrument habe bei diesem Ton einen Wolf.

Bei den Pfadfindern heißen die jüngsten Gruppenmitglieder „Wölflinge". Sie sind so etwas wie die Welpen eines Pfadfinderstamms und haben, ein bisschen wie die tierischen Vorbilder, Narrenfreiheit und genießen den besonderen Schutz der Älteren

Wolf ist im deutschsprachigen Raum auch Vor- und Nachname. Theoretisch könnte also jemand „Wolf Wolf“ heißen. In aus dem Mittelalter stammenden Namen ist er zudem Namensbestandteil, etwa in Wolfgang oder Wolfram. Auch Indianer waren manchmal nach dem Wolf benannt, so der Cheyenne-Häuptling Ohcumgache, zu Deutsch „Kleiner Wolf“, oder der Kiowa-Häuptling Guipago, „Einsamer Wolf.“

Manche Städte sind ebenfalls nach dem faszinierenden Raubtier benannt, beispielsweise Wolfach und Wolfhagen. Und viele adlige Familien, aber auch Städte wie Passau führen den Wolf in ihrem Wappen.

Schließlich kommt der Wolf als Namensbestandteil auch bei anderen Tieren und Pflanzen vor, von den Wolfsspinnen und den Wolfsnattern über eine räuberische Wespe namens Bienenwolf bis hin zur Wolfsflechte.

Der berühmte Kiowa-Häuptling Guipago, „Einsamer Wolf“, mit seiner Frau

Wolfsspinnen heißen so, weil sie kein Fangnetz bauen, sondern oft umherstreifen, um Beute zu machen

Wolfszahnnattern besitzen in Ober- und Unterkiefer vergrößerte Fangzähne, denen sie ihren Namen verdanken

Der Bienenwolf ist eine Wespe, die ihre Larven in Mitteleuropa ausschließlich mit Honigbienen füttert

Das Aussehen der Wolfsflechte erinnert an das Fell des Raubtiers

Das Märchen vom bösen Wolf

Romulus und Remus

Die Zwillinge Romulus und Remus waren nach der römischen Mythologie die Kinder des Kriegsgottes Mars und der Priesterin Rhea Silvia. Von ihrem Großonkel wurden sie auf dem Fluss Tiber ausgesetzt. Beinahe wären sie gestorben. Doch eine Wölfin, die die beiden Menschenkinder fand, säugte sie und half ihnen, in der Wildnis zu überleben. Viele Jahre später gründete Romulus die Stadt Rom.

Der Wolf fasziniert den Menschen schon immer, wobei die Gefühle von Verehrung und Bewunderung bis hin zu Angst und Hass reichen können. Kein Wunder also, dass Wölfe in zahlreichen Legenden, Sagen und Märchen eine große Rolle spielen. Viele davon sind einander in verschiedensten Kulturen sehr ähnlich. Zum Beispiel ist der Wolf der Sage nach Ursprung von Städten wie Milet in Kleinasien oder Rom in Italien. In beiden Fällen habe eine Wölfin ausgesetzte Kinder aufgenommen, die später als Erwachsene diese großen Metropolen des Altertums gründeten. In anderen Kulturen wiederum gilt der Wolf Legenden zufolge sogar als direkter Vorfahre. So sollen laut dem mongolischen Ursprungsmythos der berüchtigte Eroberer Dschingis Khan und seine Männer direkte Nachfahren eines Wolfes sein. Für einige Indianerstämme Nordamerikas wie die Tlingit oder die Irokesen war der Wolf ein heiliges, verehrtes Totemtier, also ein Schutzgeist oder der Ahne eines Menschen beziehungsweise eines Clans.

In der Mythologie der nordamerikanischen Indianer spielte der Wolf eine wichtige Rolle. Hier siehst Du eine Darstellung an einem Totempfahl.

In Märchen und Sagen begegnet uns meist der „böse Wolf“

Eines der bekanntesten Märchen ist das vom Rotkäppchen und dem bösen Wolf

In Europa hingegen kommt der Wolf seit dem Mittelalter nicht besonders gut weg. Es war einmal der böse Wolf! Vor allem in den alten Volksmärchen ist er der Bösewicht. Ein Wolf frisst die sieben Geißlein, die Großmutter und das Rotkäppchen oder trachtet den drei kleinen Schweinchen in ihren Häusern nach dem Leben. Eines haben all diese Erzählungen gemeinsam: Sie gehen für den Wolf nicht gut aus. Er wird vom Jäger getötet, von der Ziegenmutter im Brunnen ertränkt oder von den Schweinchen in einem Topf mit heißem Wasser gekocht.

Vom Heiligen Franziskus von Assisi wird berichtet, er habe einem wilden, reißenden Wolf im Namen Christi befohlen, niemandem mehr ein Leid anzutun: „Ich will zwischen dir und den Leuten Frieden schließen, Bruder Wolf!“

Während der neuzeitlichen Hexenverfolgungen vor allem ab dem 16. Jahrhundert wurden zahlreiche Männer und Frauen vor Gericht gebracht und hingerichtet, da sie angeblich Werwölfe gewesen seien. Werwölfe sind in alten Mythen, Legenden und Schauermärchen Menschen, die sich – meistens nachts und bei Vollmond – in einen Wolf verwandeln. Oftmals verdanken die Männer diese Fähigkeit dem Teufel. Von ihm haben sie beispielsweise einen Gürtel aus Wolfsfell erhalten, mit dessen Hilfe sie sich in ein bösartiges, Menschen fressendes Wolfs-Wesen verwandeln können. Eine neue Wendung bekam der Werwolf-Mythos durch Hollywood: In einem Kinofilm aus den 1940er-Jahren ist erstmals davon die Rede, dass sich Opfer nach einem Werwolfs-Biss ebenfalls zu verwandeln beginnen.

Künstlerische Darstellungen von Wölfen zeigen die Tiere oft als gefährliches, bedrohliches Wesen

In den Jahren 1764 bis 1767 fielen in Südfrankreich viele Menschen tödlichen Raubtierangriffen zum Opfer. Was genau diese Bestie war, wurde nie geklärt. Manche glauben, es waren ein oder mehrere Wölfe oder Wolfsmischlinge.

Das Bild des bösen und auch für Menschen gefährlichen Wolfes hat sich durch all diese Geschichten über viele Jahrhunderte in den Köpfen der Menschen eingebrannt. Doch glücklicherweise ist der Wolf nicht immer nur der Bösewicht. In dem berühmten Dschungelbuch des britischen Autors Rudyard Kipling wird das Findelkind Mogli im indischen Dschungel von einem Wolfsrudel aufgenommen und großgezogen. Später helfen die Wölfe ihrem menschlichen Bruder sogar im Kampf gegen seinen Erzfeind, den Tiger Shere Kahn. Auch das Bild vom Werwolf hat sich gewandelt: In modernen Fantasy-Filmen und -Büchern sind sie nicht mehr nur böse und niederträchtig. So ist der Wolfsmensch Jacob Black ein Held der Twilight-Saga, und auch in der amerikanischen Serie „Teen Wolf" ist der Hauptcharakter ein sympathischer Jugendlicher, der noch auf die High School geht.

THE JUNGLE BOOK

Alala! I have no cloth to wrap me. The kites will see that I am naked. I am ashamed to meet all these people.

Lend me thy coat, Shere Khan. Lend me thy gay striped coat that I may go to the Council Rock.

By the Bull that bought me, I have made a promise – a little promise. Only thy coat is lacking before I keep my word.

With the knife – with the knife that men use – with the knife of the hunter, the man, I will stoop down for my gift.

MOWGLI'S SONG

Waters of the Waingunga, bear witness that Shere Khan gives me his coat for the love that he bears me. Pull, Grey Brother! Pull, Akela! Heavy is the hide of Shere Khan.

The Man-Pack are angry. They throw stones and talk child's talk. My mouth is bleeding. Let us run away.

Through the night, through the hot night, run swiftly with me, my brothers. We will leave the lights of the village and go to the low moon.

Waters of the Waingunga, the Man-Pack have cast me out. I did them no harm, but they were afraid of me. Why?

Im berühmten Dschungelbuch von Rudyard Kipling wird der kleine Mogli von Wölfen aufgezogen

Polarwolf

Timberwolf

Heute ist der Wolf nur noch in den blau markierten Regionen zu Hause. Früher kam er zusätzlich in den gelb eingefärbten vor.

früher

heute

Unterart des Wolfs

Woran erkennst Du einen Wolf?

Es ist gar nicht so einfach, je nach Rasse Hund und Wolf auf den ersten Blick auseinanderzuhalten. Wölfe in Deutschland sind in etwa so groß wie ein Schäferhund. Im Gegensatz zu Hunden hängt ihr langer Schwanz aber fast immer herunter. Auf dem Rücken haben sie einen dunklen Fleck, der aussieht wie ein Sattel und darum auch Sattelfleck heißt. Wölfe haben kleine Ohren und eine lange Schnauze. Die Wangengegend ist hell gefärbt.

Wölfe weltweit

Vor vielen Jahren galt der Wolf neben dem Menschen als das am weitesten verbreitete Säugetier weltweit. Er war auf der gesamten Nordhalbkugel zu Hause: Von ganz Nordamerika und Mexiko über Teile Grönlands, Europa, Nordafrika und Indien bis nach Japan war der Wolf zu finden. Doch der Lebensraum des Wolfes wurde zerstört, und viele Menschen betrachteten ihn als Schädling und verfolgten ihn gnadenlos. In einigen Teilen der Welt wurde er für immer ausgerottet.

In Europa leben heute etwa 14 000 Wölfe, die meisten davon in den Grenzgebieten Russlands, auf dem Balkan und in den Karpaten – einem sehr großen Gebirge, das sich unter anderem über Tschechien, die Slowakei, Rumänien und die Ukraine erstreckt.

Von großen und kleinen Wölfen

Der Wolf ist eine Tierart. Da sich Wölfe im Lauf der Zeit an verschiedene Lebensräume auf der Welt angepasst haben, entstanden allmählich Unterarten. Wölfe sehen daher nicht überall gleich aus und sind auch nicht gleich groß. Wie viele Unterarten es aber wirklich gibt, ist unter Forschern umstritten. Die Meinungen gehen dabei stark auseinander. Manche erkennen 37 Unterarten an, andere nur elf.

Europäischer Grauwolf

Europäischer Grauwolf

Die bei uns in Europa lebende Unterart bezeichnet man als Europäischen Grauwolf.

Arabischer Wolf

Der Arabische Wolf ist mit 18 bis 20 Kilogramm Gewicht wohl der leichteste Wolf. Er lebt in der Wüste, hat sehr kurzes, dünnes Fell und große Ohren. Arabische Wölfe jagen nicht nur kleine Säugetiere, sondern auch Insekten. Man findet sie auf der Arabischen Halbinsel, zum Beispiel in Israel, Jordanien und Saudi-Arabien.

Arabischer Wolf

Eines ist allen Unterarten des Wolfs gemeinsam: Die Tiere sind sehr sozial.

Polarwolf

Polarwolf

Polar- oder Arktiswölfe gehören zu den größten und schwersten Wölfen der Welt. Sie wiegen zwischen 50 und 80 Kilogramm und haben recht kleine Ohren. Sowohl die eindrucksvolle Körpergröße als auch die kleinen Ohren sind Anpassungen an die große Kälte in Kanada und Grönland: Durch den massigen Körper und die kleinen Ohren verlieren sie nur wenig Körperwärme. Auch ihr Fell ist deshalb sehr dicht und häufig weiß: So sind sie im Schnee gut getarnt und können sich besser an ihre Beute heranschleichen. Schneehasen, Moschusochsen und Rentiere stehen auf dem Speiseplan.

Timberwolf

Timberwolf

Timberwölfe gehören ebenfalls zu den größeren Unterarten. Sie leben in Kanada und den USA. Besonders bekannt sind die schwarzen Timberwölfe, die Dir vielleicht schon einmal im Zoo begegnet sind.

Familientreffen

Im Lauf der Zeit haben sich verschiedenste Lebewesen entwickelt, deren Abstammung und Verwandtschaftsverhältnisse in Stammbäumen dargestellt werden. Der Wolf hat eine ziemliche große Familie und dementsprechend viele Verwandte im Tierreich. Zusammen mit Füchsen, Schakalen, Kojoten und unseren Haushunden bilden Wölfe die Tierfamilie der Hunde, die wiederum zur Überfamilie der Hundeartigen Raubtiere gehört, in der sich auch Robben, Walrosse, Bären und Marder finden.

Die Hunde-Familie ist ziemlich erfolgreich und über alle Kontinenten der Erde verbreitet, mit Ausnahme der Antarktis. Ursprünglich fehlten Hunde in Australien und einigen Inseln wie Neuseeland, Neuguinea oder Madagaskar. Doch auch in diesen Regionen sind sie durch menschliche Hilfe heimisch geworden.

Rotfuchs

Der nächste wildlebende Verwandte des Wolfes in Deutschland ist der Rotfuchs, der einzige mitteleuropäische Vertreter der Füchse. Er ist in Europa der mit Abstand häufigste Wildhund. Obwohl sie nahe miteinander verwandt sind, ist die Beziehung von Wolf und Fuchs nicht sehr harmonisch. Zwar jagen und fressen Wölfe selten Füchse, doch sie töten sie als Konkurrenten bei mancher Gelegenheit. Trotzdem nutzen Füchse als Alles- und Aasfresser die Beutereste des Wolfes. Umgekehrt nutzen die Wölfe gelegentlich Fuchsbaue für die Jungenaufzucht, indem sie die unterirdische Behausung vergrößern und ausbauen.

Rotfuchs

Mähnenwolf

Während Wölfe nur auf der Nordhalbkugel vorkommen, haben sich in Südamerika, Afrika und – mit der Hilfe des Menschen – in Australien Verwandte von ihnen ausgebreitet. In Südamerika ist der Mähnenwolf der größte Vertreter der Hunde-Familie. Mit seinem rötlichen Fell und seinen großen Ohren erinnert er an eine Mischung aus Wolf und Fuchs, obwohl er nur ein sehr entfernter Verwandter der beiden europäischen Arten ist.

Mähnenwolf

In der Lebensweise unterscheiden sich Mähnenwölfe von anderen Wildhunden: Sie leben nicht im Rudel oder in festen Familienverbänden. Männchen und Weibchen bewohnen zwar zusammen ein Revier, gehen jedoch meist getrennte Wege. Nur nach der Geburt von Jungtieren ist die Bindung zueinander enger. In aller Regel jagen Mähnenwölfe dementsprechend alleine. Das erklärt auch, warum es die eigentlich recht großen Wildhunde eher auf kleinere Tiere wie Kaninchen, Nagetiere, Vögel und Insekten abgesehen haben. Als Einzeljäger haben sie kaum eine Chance, größere Beute zu schlagen. Daher sind sie auch für die meisten vom Menschen gehaltenen Nutztiere keine Gefahr.

Junge Rotfüchse sind richtig putzig!

Schakale in Deutschland

Neben Wolf und Fuchs gibt es inzwischen auch eine andere größere Hundeart, die gelegentlich in Deutschland vorbeischaut: der Goldschakal. Ursprünglich reichte sein Verbreitungsgebiet von Indien und dem arabischen Raum bis auf den Balkan. Doch er breitet sich ständig weiter nach Norden und Westen aus. Seit einigen Jahren werden die Tiere immer wieder von Kamerafallen in Deutschland fotografiert, wie etwa im Bayerischen Wald oder Mecklenburg-Vorpommern. Trotzdem bleibt der Schakal bei uns weiterhin ein Exot.

Afrikanischer Wildhund

In Afrika gibt es heute keine Wölfe mehr. Allerdings war die Art einmal ganz im Norden rund ums Mittelmeer verbreitet. Dort wurde sie jedoch vom Menschen ausgerottet. Heute ist der Afrikanische Wildhund der mit Abstand größte Vertreter seiner Tierfamilie auf dem Kontinent. Früher wurde die Art auch als „Hyänenhund" bezeichnet, da die Tiere äußerlich einer Hyäne ähneln. Allerdings sind Hyänen Katzenartige Raubtiere und damit in einer ganz anderen Tierfamilie zu Hause.

Das Verbreitungsgebiet des Afrikanischen Wildhundes erstreckt sich über die gesamte afrikanische Savannenlandschaft. Trotzdem ist die Art stark vom Aussterben gefährdet. Neben Krankheiten wie Tollwut oder Staupe bilden Wilderei durch den Menschen und der Lebensraumverlust die größte Bedrohung.

Der Wolf, der keiner war

Nicht nur Größe und Aussehen, auch das Jagdverhalten des Beutelwolfs erinnert an den Europäischen Wolf. Nahe Verwandte waren sie trotzdem nicht. Der Beutelwolf besaß, wie die meisten Säugetiere in Australien, einen Beutel, der groß genug war, um seinen Nachwuchs zu beherbergen. Damit ist er wesentlich näher mit anderen Beuteltieren wie Koala oder Känguru verwandt als mit den bei uns heimischen Wölfen. Heute gilt die Art als ausgerottet.

Dingo

Selbst nach Australien haben es die Verwandten des Wolfes inzwischen geschafft. Ursprünglich kamen sie auf dem entlegenen Kontinent allerdings nicht vor. Erst der Mensch sorgte dafür, dass dort mit dem Dingo heute wilde Hunde umherstreifen. Das Besondere daran ist nämlich, dass die Dingos als Haushunde im Schlepptau des Menschen vor vielen tausend Jahren nach Australien kamen.

Wahrscheinlich waren es damals noch recht wilde Hunde, die sich nicht richtig an den Menschen gewöhnt hatten. In der neuen Heimat entzogen sich die Dingos relativ bald wieder der Kontrolle durch den Menschen und kehrten zu ihrer ursprünglichen, wölfischen und wilden Lebensweise zurück. Uneinig sind sich die Biologen heute noch immer, ob der Dingo inzwischen eine eigene Art ist oder nach wie vor eine Unterart des Haushunds.

Dingo

Dingos wagen sich selbst an so wehrhafte Tiere wie diesen Waran

Wölfe in Deutschland

Die Rückkehr von Isegrim nach Deutschland begann im Jahr 2000 in der Lausitz, einer Region an der Grenze zu Polen. Zuvor hatten Wölfe in Deutschland über 150 Jahre lang als ausgerottet gegolten. Jetzt standen sie unter strengem Schutz und durften nicht mehr abgeschossen werden. Von ganz alleine kamen sie aus Osteuropa nun auch nach Deutschland zurück. Und so trafen sich zwei Wölfe auf einem großen Militärgelände in Sachsen und gründeten dort die erste Wolfsfamilie in Deutschland seit über 150 Jahren.

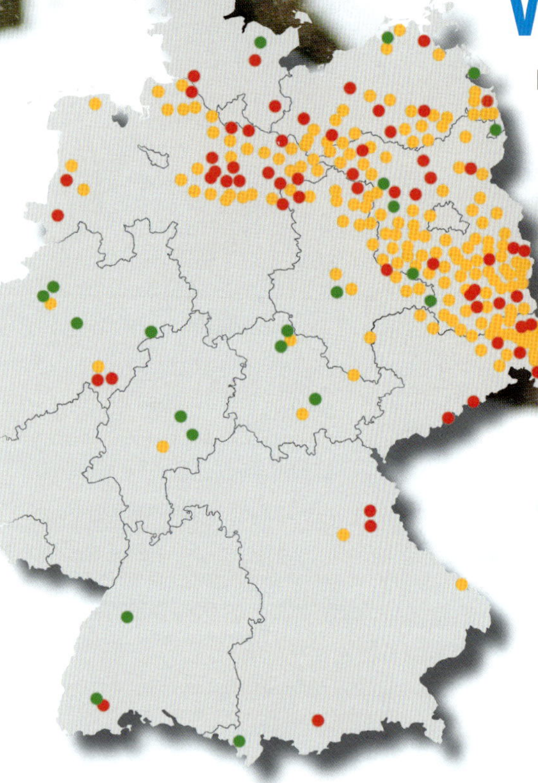

Hier sind in Deutschland wieder Wölfe gesichtet worden (vergleiche das aber mal mit der großen Karte S. 18)

Können Wölfe schwimmen?

Schwimmflossen haben Wölfe selbstverständlich nicht. Dennoch sind sie sehr gute Schwimmer. So durchqueren die ersten nach Deutschland zurückkehrenden Wölfe die Neiße, einen Fluss an der Grenze zu Polen. In Kanada gibt es sogar Wölfe, die mehr als zwölf Kilometer weit im Meer schwimmen – von Insel zu Insel.

Kofferraumwölfe?

Manchmal hört man das Gerücht, Naturschützer würden Wölfe aus Osteuropa in Autos oder sogar Hubschraubern nach Deutschland bringen. Solche „Kofferraumwölfe" gehören aber ebenso ins Reich der Märchen wie Rotkäppchen. Denn als perfekte Langstreckenläufer haben Wölfe einen „Taxi-Service" gar nicht nötig. Sie kommen von ganz alleine zurück nach Deutschland.

Aus Osteuropa wandert der Wolf erneut nach Deutschland ein

Die Wölfin „Einauge" gehörte zu den ersten Wolfswelpen, die hier geboren wurden. Als sie erwachsen wurde, gründete sie selbst eine Familie und zog mindestens 38 Welpen auf. Sie ist somit eine Ur-Urgroßmutter der Wölfe, die heute in vielen Bundesländern Deutschlands leben. Die meisten Exemplare gibt es aktuell in Brandenburg und Sachsen, aber auch in Sachsen-Anhalt und Niedersachsen bilden sich immer mehr Wolfsrudel. In ein paar Jahren – so glauben Wolfsforscher – wird es in den meisten großen Bundesländern Deutschlands wieder Wölfe geben. Schon heute leben über 100 Rudel in Deutschland.

Nachbar Wolf

Leben Wölfe nur in der Wildnis, in dunklen, großen Wäldern, fernab von Menschen? Nein! In den Weiten Kanadas oder Sibiriens mag das tatsächlich der Fall sein, nicht aber bei uns in Europa. Obwohl hier viele Menschen auf engem Raum leben, findet sich der Wolf trotzdem gut bei uns zurecht, auch ohne Wildnis. Denn Wölfe sind sehr anpassungsfähig.

Sie fühlen sich dort wohl, wo sie genug zu fressen finden und wo es Wald gibt, in den sie sich zurückziehen können. Den brauchen sie, um sich auszuruhen und ihre Jungen aufzuziehen. Häufig liegen aber auch Felder, Wege und sogar Dörfer oder kleine Städte in einem Wolfsrevier. Hier hält sich der Wolf zwar nicht lange auf, aber wenn er sich nicht von den Menschen gestört fühlt, durchquert er auf seinen langen Wanderungen auch mal eine Siedlung. Dann kann es passieren, dass Menschen einen Wolf zu Gesicht bekommen.

Mein Revier!

Wölfe sind territorial. Das bedeutet, dass sie in ihrem Revier keine anderen Wölfe dulden, außer ihren eigenen Familienmitgliedern. Sie markieren ihr Revier mit Kot und Urin, um fremden Wölfen zu zeigen: Ihr habt hier nichts verloren! Wenn es sein muss, verteidigen sie ihr Revier gegen Eindringlinge auch im Kampf.

Viele unserer Wölfe in Deutschland leben auf Militärgebieten. Das sind sehr große Flächen mit Wäldern und Wiesen, wo die Armee Übungen macht oder früher gemacht hat. Die Soldaten und Gewehrschüsse stören die Wölfe nicht besonders. Vor anderen Menschen und Autos haben sie hier ihre Ruhe. In alten Tagebauen, wo früher nach Kohle gebaggert wurde, zum Beispiel in der Lausitz, fühlen sich die Tiere ebenfalls wohl.

So groß wie ...

Ein Wolfsrevier in Deutschland ist zwischen 200 und 400 Quadratkilometer groß. Das ist ganz schön viel – in etwa so groß wie die Stadt Dresden oder Bremen oder die Insel Malta. Oder: Bis zu 50 000 Fußballfelder!

Um genügend Beute machen zu können und Verstecke für die Aufzucht der Jungen zu haben, braucht ein Wolfsrudel ein riesiges Revier

Auf den Hund gekommen

Höchstwahrscheinlich wurden einige weniger scheue Wölfe von den Essensresten unserer Vorfahren angezogen

Der Hund gilt als der beste Freund des Menschen. Katzenliebhaber oder Goldfisch-Fans sind vielleicht nicht dieser Meinung, unzweifelhaft ist allerdings, dass Hunde die ältesten Haustiere des Menschen sind.

Die ersten Wölfe lebten vor etwa zwei Millionen Jahren. In Eurasien wurden Fossilien so alter echter Wölfe gefunden. Man geht davon aus, dass sie sich von dort über die gesamte Nordhalbkugel ausbreiteten. Dort trafen sie dann auf ein anderes „Säugetier“: den Menschen. Forscher gehen heute davon aus, dass bereits vor mehr als 100 000 Jahren mehrfach unabhängig voneinander Wölfe von unseren Vorfahren zu Haustieren gemacht wurden. Das bedeutet, es gibt nicht nur ein einziges Wolfspaar, von dem unsere Hunde abstammen.

Die ersten Wölfe, die sich dem Menschen anschlossen, waren sicher relativ wenig scheu. Vor Feuer beispielsweise durften sie keine Angst haben.

Der Mensch war ursprünglich ein nicht sesshafter Nomade, streifte also umher. Als Jäger und Sammler lebten die Menschen von dem, was die Natur ihnen bot: von Früchten des Waldes, Kräutern oder Wildhonig bis zu Beutetieren, die sie mit ihren noch primitiven Waffen erbeuten konnte. Beim Einbruch der Dämmerung zogen sich die Menschen in Höhlen oder rasch aufgebaute Lager zurück. Sie zündeten ein Feuer an, um die Kälte und die Feuchtigkeit der Nacht zu vertreiben und natürlich auch, um wilde Tiere fernzuhalten.

Auch heute noch geschieht es, dass Menschen junge Wölfe aufziehen. Hier siehst Du einen Kasachen-Jungen mit einem Wolfs-Welpen.

Domestizierung

Als Domestizierung wird bezeichnet, wenn Menschen über Generationen hinweg Wildtiere oder Wildpflanzen von ihren Artgenossen getrennt halten. Wildtiere werden dadurch zu Haustieren, Wildpflanzen zu Kulturpflanzen. Durch gezielte Zucht entstehen dann einzelne Rassen wie dieser Husky – ihm sieht man die Verwandtschaft zum Wolf deutlich an, vielen anderen Hunderassen dagegen auf den ersten Blick nicht.

Hunde sind die ältesten Haustiere des Menschen

Haustiere

Die längste Geschichte als Haustier hat der Hund. Doch ihm folgten zahlreiche weitere Tierarten. Die Haustiernutzung von Katzen hat etwa vor 9 000 Jahren begonnen. Etwa zur gleichen Zeit begannen die Menschen Schweine, Rinder und Schafe zu züchten. Die Zucht des Pferdes als Reittier begann erst im vierten Jahrtausend vor Christus. Ein Nachzügler ist der Wellensichtich: Er wird seit dem 19. Jahrhundert gezüchtet.

Wölfe wurden damals wahrscheinlich zunächst von den Essensresten unserer Vorfahren angezogen. Auch die Neugierde führte womöglich vor allem Welpen und Jungwölfe in die Nähe der menschlichen Lager. Besonders mutige Tiere, die sich vom Feuer und der Anwesenheit des Menschen nicht abschrecken ließen, gelang es, Reste von Knochen und Fleisch zu erbeuten.

Kaum zu glauben, aber sämtliche Hunderassen stammen letztlich vom Wolf ab!

Wahrscheinlich waren es vor allem die weniger aggressiven Tiere oder Welpen, die unsere Vorfahren dauerhaft in der Nähe ihrer Lager tolerierten. Mit der Zeit bemerkten die Menschen, dass sie nicht nur dem Wolf halfen, indem er sich von Essenresten ernähren konnte, sondern dass die Raubtiere auch ihnen halfen. Die Tiere wurden nachts mit ihren scharfen Sinnen zum Wächter über den Lagerplatz, und sie warnten die Menschen, die sie schließlich als ihr Rudel betrachteten, vor größeren Raubtieren und anderen Gefahren.

Nach heutiger Auffassung stammen alle Hunderassen, die die Menschen im Lauf der Jahrtausende züchtete, vom Wolf ab – ob es ein kleiner Chihuahua ist ober ein stattlicher Bernhardiner.

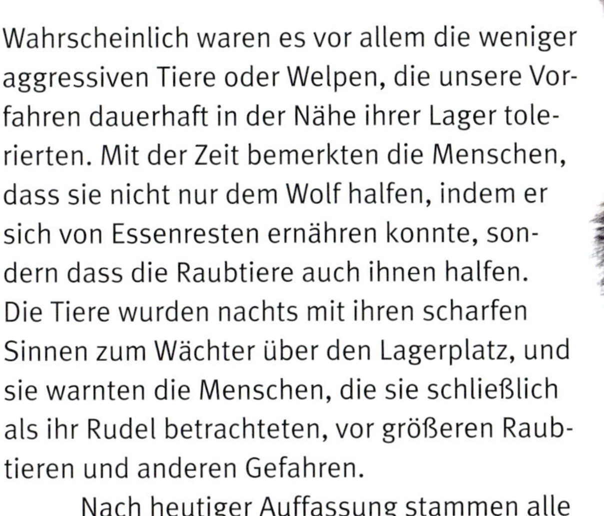

Der Wolf ist sozusagen das Original, aus dem alle Hunderassen gezüchtet wurden

Die Speisekarte

Ein Wolf benötigt durchschnittlich rund vier Kilogramm Fleisch am Tag. Das entspricht etwa dem Gewicht von vier Tüten Milch.. Er kann jedoch innerhalb von 24 Stunden auch über zwölf Kilogramm Fleisch verzehren oder mehrere Tage lang nichts fressen. Wenn er große Beute macht, wird diese manchmal als Notreserve für schlechte Zeiten verscharrt. Doch selbst wenn alle Vorräte zu Ende gegangen sind, können Wölfe bis zu zwei Wochen ohne Nahrung überstehen.

Die natürliche Nahrung des Wolfes besteht vor allem aus Huftieren. Auf seinem Speiseplan stehen in Deutschland insbesondere Rothirsche, Rehe, Damwild, Mufflons oder Wildschweine. In Skandinavien und der Polarregion schlägt er auch Rentier, Elch und Moschusochse. Gämsen und Steinböcke zählen in den Alpen zu seiner Beute. Aber selbst Früchte, Aas und kleine Säuger wie Hase, Murmeltier oder Fuchs verschmäht der Wolf nicht.

In seinem Fang, dem Maul, kann ein Wolf selbst so große Beute wie ein Reh tragen

Zwei Wölfe streiten sich um eine erbeutete Gämse

Grundsätzlich bevorzugt der Wolf immer die Nahrung, die am leichtesten zu erlegen ist. Das sind meistens Jungtiere und Exemplare, die schwach oder alt sind. Damit trägt er als „Gesundheitspolizist“ auch dazu bei, dass die Bestände seiner Beutetiere stark und agil bleiben.

Immer der Nase nach

Wölfe haben einen sehr guten Geruchssinn. Sie können Beute schon aus einigen Kilometer Entfernung riechen und versuchen sich dann unbemerkt bis auf geringe Distanz zu nähern. Fliehende Tiere werden meist nur kurz, dafür aber mit hoher Geschwindigkeit verfolgt. Gelingt es den Wölfen nicht sofort, das Beutetier zu erreichen, wird die Jagd meist abgebrochen. Oft stellen die schlauen Wölfe ihrer Beute auch einen Hinterhalt: Einige Rudelmitglieder hetzen sie in die Richtung, in der die übrigen Wölfe auf der Lauer liegen.

Der Wolf kann sogar von Abfällen und Nahrungsresten des Menschen leben, wie zum Beispiel auf den Müllkippen vor Rom. Wenn der Wolf auf ungeschützte Haus- oder Nutztiere des Menschen trifft, verschmäht er auch diese nicht. Vor allem Schafe und Ziegen, gelegentlich junge Kälber oder Fohlen können von ihm gerissen werden. Eine Schafsherde ohne Zaun oder Herdenschutzhund ist für den Wolf wie ein einladendes Buffet. Da der Wolf in Deutschland viele Jahrzehnte ausgerottet war, müssen Viehalter erst wieder lernen, wie sie ihre Herden bestmöglich schützen können.

Auf der Suche nach Beute durchstreifen Wölfe ihr Revier

Manche Jäger argumentieren, der Wolf werde den Wald leer fressen, Rotwild und andere Beutetiere würden verschwinden oder zumindest sehr selten. Biologen glauben aber nicht, dass das passiert. Denn: Trotz aller Bemühungen und Jagdtaktiken eines Wolfsrudels sind die Tiere längst nicht immer erfolgreich: Nur etwa jeder zehnte Jagdversuch führt zum Erfolg. Meist dagegen gelingt es den Beutetieren zu fliehen oder sich erfolgreich zu wehren. Hirsche und Rehe können durch Tritte mit ihren harten Hufen sogar die Knochen eines Wolfs brechen. Wildschweine, Steinböcke oder Moschusochsen sind ebenfalls von Natur aus stark und wehrhaft. Sie stellen sich den Wölfen oft und verteidigen sich häufig erfolgreich.

Ungeduldig warten diese Wölfe darauf, dass von der Beute des Braunbären auch etwas für sie abfällt

Selbst im Wasser verfolgt der Wolf noch die Wapitikuh

Kanadische Timberwölfe greifen einen jungen Bison an

In einer Region Kanadas ernähren sich Wölfe im Herbst am liebsten von Lachs

Die Beute flieht! Das Rudel setzt ihr gemeinsam nach.

Eine Besonderheit sind die Wölfe in der kanadischen Provinz British Columbia. Forscher haben herausgefunden, dass sich die Tiere hier im Herbst am liebsten von Lachsen ernähren, die dann vom Meer in die Flüsse zurückkehren und dort bis zu ihren Laichgründen wandern, wo sie ihre Eier ablegen. Der Anteil von Lachs an der Nahrung beträgt dann bis zu 70 Prozent, während die Wölfe während des restlichen Jahres fast ausschließlich Wild jagen. Im Herbst ist es für die Tiere jedoch sehr einfach und vor allem ungefährlich, Lachse zu fangen.

Solche Elektrozäune schützen Schafe sehr zuverlässig

Wenn sie ein ungeschützt weidendes Schaf erwischen, lassen sich Wölfe diese leichte Beute nicht entgehen

Herdenschutz: Der Wolf und die sieben Geißlein

Wie Du jetzt weißt, fressen Wölfe hauptsächlich Fleisch, insbesondere Huftiere. Auch Schafe und Ziegen gehören zu den Huftieren, und wenn sie nicht gut geschützt sind, kann der Wolf sie erbeuten. Wo Wölfe leben, ist es deshalb sehr wichtig, dass Nutztiere zum Beispiel durch Elektrozäune oder mit Herdenschutzhunden geschützt werden. Verständlicherweise sind einige Tierhalter dem Wolf gegenüber sehr skeptisch. Durch die zusätzlichen Schutzmaßnahmen kommen mehr Kosten und auch mehr Arbeit auf sie zu. Für den Kauf der Zäune erhalten sie aber meistens Geld von den Bundesländern. Auch wenn der Wolf mal ein Schaf reißt, obwohl der Zaun vorbildlich aufgebaut war, bekommt der betroffene Schäfer Geld für seinen Verlust.

Ungeschützte Herden wirken auf den Wolf natürlich wie eine Einladung zum Essen ...

Achtung Strom!

Stromzäune sind ein guter Schutz gegen Wölfe. Wenn der Wolf versucht, durch den Zaun an die Schafe zu gelangen, bekommt er einen Stromschlag, und das tut weh! Somit lernt er, dass Schafe schmerzhaft sind, und ihm vergeht die Lust auf weitere Angriffe. Wolfssichere Zäune müssen gar nicht besonders hoch sein, da Wölfe nur selten über sie hinwegspringen. Viel häufiger versuchen sie, Hindernisse zu untergraben.

Pyrenäen-Berghund – ein solcher Herdenschutzhund sieht zwar sanftmütig aus, ist aber sehr stark und wehrhaft. Als Wolf möchte man ihm lieber nicht zu nahe kommen …

Herdenschutzhunde

Herdenschutzhunde sind speziell ausgebildete Hunde, die eine Schaf- oder Ziegenherde gegen Angreifer verteidigen. Ein Hund, der schon als Welpe Bekanntschaft mit seiner Herde gemacht hat, fühlt sich als fester Teil von ihr und möchte sie deshalb beschützen. Nähert sich ein Fuchs, ein fremder Hund oder eben ein Wolf, so fängt der Schutzhund an laut zu bellen und zeigt, wer der Chef auf der Weide ist. Im schlimmsten Fall würde er seine Herde auch im Kampf verteidigen, aber das kommt nur ganz selten vor.

Auch der polnische Tatra-Schäferhund beschützt seine Herde selbstständig und verlässlich vor Wölfen

Wenn Du eine Schafherde antriffst, die von einem Herdenschutzhund bewacht wird, dann ärgere ihn nicht. Auch zweibeinige Eindringlinge kann er in die Flucht schlagen! Übrigens: Wusstest Du, dass Herdenschutzhunde und Hütehunde zu unterschiedlichen Hunderassen gehören? Das liegt daran, dass sie verschiedene Aufgaben haben: Ein Hütehund soll die Herde vor allem tagsüber zusammentreiben und beieinander halten, während ein Herdenschutzhund die Herde vor Angreifern bewahrt.

Durch die Lappen gegangen!

Wenn Wölfe neu in einem Gebiet sind und ein Tierhalter schnell seine Schafe schützen möchte, kann er für kurze Zeit einen Lappenzaun anbringen. Das ist ein langes Band, an dem ganz viele Stofffetzen gespannt sind. Wölfe haben Angst vor den Lappen, die im Wind flattern. Solche Zäune hat man früher auch zur Wolfsjagd genutzt und die Wölfe damit zusammengetrieben. Wenn doch mal ein Wolf hindurchgelaufen ist, ist er „durch die Lappen gegangen" – daher stammt das Sprichwort!

Nachwuchs bei Familie Wolf

Rudel nennen wir den Familienverband, in dem Wölfe leben. Ein Wolfsrudel ist ganz ähnlich wie eine menschliche Familie aufgebaut. Zunächst gibt es da die Elterntiere, also den männlichen Wolf, den man auch Rüden nennt, und die Wölfin oder Fähe. Sie sind das Oberhaupt der Familie und sorgen für Nachwuchs.

Rüde (oben) und Fähe (unten) sind die Oberhäupter des Rudels und sorgen für Nachwuchs

Diese nordamerikanische Wölfin hat gerade zwei Junge zur Welt gebracht. Die Augen der Kleinen sind noch geschlossen.

Ran an die Milch! Die außergewöhnlich vielen Jungen dieser Europäischen Wölfin haben ganz schön Hunger.

Nachdem sie sich im Winter miteinander gepaart haben, wird im April oder Mai nach rund 63 Tagen der Nachwuchs geboren, häufig zwischen vier und sechs Welpen. Sie kommen blind und taub in einer Höhle auf die Welt, in der sie die ersten vier Wochen gemeinsam mit ihrer Mutter verbringen.

Ein Leben lang

Ein Wolf und eine Wölfin, die gemeinsam ein Rudel gegründet haben, bleiben ihr ganzes Leben lang zusammen. Nur wenn einer der beiden stirbt, zum Beispiel durch Krankheit, Revierkämpfe oder durch den Menschen, sucht sich der Verbliebene einen neuen Partner.

Ausbüxen verboten! Die Wölfin bringt ihren kleinen Ausreißer zurück in die Höhle. Trotz ihrer spitzen Zähne verletzt sie das Junge dabei natürlich nicht.

Wenn die Jungen etwas älter sind, dürfen sie erste Ausflüge außerhalb der Höhle unternehmen

Hier stupsen halbwüchsige Junge das Maul des Elterntiers an, damit es das mitgebrachte Fleisch für sie auswürgt

Meist gibt es mehrere Höhlen in einem Wolfsrevier, und wenn die Jungen groß genug sind, ziehen sie immer mal wieder um. In den ersten drei Wochen bekommen die Jungen nur Milch von der Mutter, danach gibt es auch Fleisch. Im Alter von nur wenigen Monaten gehen sie selbst mit auf die Jagd.

Schon nach zehn Monaten sind die jungen Wölfe ausgewachsen, und bald kommt der nächste Nachwuchs ihrer Eltern. Die jugendlichen Wölfe nennt man auch Jährlinge. Sie bleiben noch im elterlichen Revier und helfen bei der Aufzucht der neuen Welpen. Häufig gibt es im Wolfsrevier Welpenspielplätze, auch Rendezvous-Plätze (sprich: Rodevuh) genannt. Das sind Orte, wo sich die jugendlichen und jungen Wölfe treffen, miteinander spielen und voneinander lernen.

Schon im Alter von wenigen Monaten gehen die Jungen selbst mit auf die Jagd

Junge bleiben in der Regel für ein oder zwei Jahre bei ihren Eltern. Dann beginnt die große Reise, und sie machen sich auf die Suche nach einem eigenen Revier und einem eigenen Partner. Eine Wolfsfamilie besteht bei uns meist aus sechs bis acht Tieren. Insbesondere aus Nordamerika sind aber auch größere Rudel mit zwölf oder mehr Exemplaren bekannt.

Alpha und Omega

Vielleicht hast Du schon mal von Alpha- oder Omegawölfen gehört. Alpha ist der erste Buchstabe des griechischen Alphabets, Omega der letzte. Damit ist gemeint: Der Alpha-Wolf ist der ranghöchste, der Omegawolf der rangniedrigste. Eine solche strikte Rangordnung mit einem Anführer und unterdrückten Wölfen gibt es aber in der Natur nicht! Sie entsteht nur in Zoos und Wildparks, wenn viele Wölfe auf engem Raum ein Auskommen miteinander finden müssen.
Im übertragenen Sinn nennt man Führungspersönlichkeiten beim Menschen auch manchmal „Alpha-Tiere“ oder „Leitwölfe“.

Spielen ist eine Lieblingsbeschäftigung der jungen Wölfe

Seine Ohren hat dieser wunderschöne weiße Wolf aufmerksam nach vorn gerichtet

Hören, Riechen, Sehen: die Sinne des Wolfes

Wölfe sind perfekt an das Leben als Jäger angepasst und haben extrem scharfe Sinne. Sie können insbesondere sehr gut riechen und hören. Ihre Ohren sind zwar relativ klein und dreieckig, haben es jedoch in sich. Die Tiere können ihre Ohrmuscheln drehen und wissen somit genau, aus welcher Richtung ein Geräusch kommt. Wölfe hören sogar Geräusche, die wir Menschen gar nicht wahrnehmen können, zum Beispiel ganz hohe Töne wie das Fiepen einer Maus. Bei günstigen Windverhältnissen hören sie das Heulen eines Artgenossen über zehn Kilometer weit.

Die Nase eines Wolfes müsste man haben! Über drei Kilometer weit können Wölfe ihre Beutetiere oder Artgenossen riechen. Stell Dir vor, Du könntest einen Menschen erschnuppern, der so weit weg ist, dass Du ihn nicht mal siehst! Die Nase von Wölfen ist rund 500 Mal empfindlicher als unsere. Deshalb können sie auch alte Tierspuren noch verfolgen. Besonders wichtig ist der Geruchssinn auch, um sich mit anderen Wölfen zu verständigen. So erkennt zum Beispiel ein männlicher Wolf am Geruch des Urins des Weibchens, ob dieses paarungsbereit ist.

Die Augen des Wolfes sind weniger gut entwickelt. Wegen seiner feinen Nase und der guten Ohren ist das aber gar kein Problem für ihn. Da Wölfe hauptsächlich in der Morgen- und Abenddämmerung aktiv sind, sind ihre Augen an das Sehen im Dunkeln angepasst. Farben hingegen können sie nur schlecht unterscheiden.

Für die Jagd braucht der Wolf scharfe Sinne!

Sprintmeister

Bis zu 50 Kilometer pro Stunde können Wölfe über kurze Distanzen rennen. Das ist so schnell, wie ein Auto auf den meisten Straßen der Innenstadt höchstens fahren darf. Diese Geschwindigkeit ermöglicht ihnen, ihre Beute zu hetzen, einzuholen und zu überwältigen. Nach rund einem Kilometer geht ihnen aber auch langsam die Puste aus.

Die Bindung zwischen einem Wolfspaar ist sehr eng. Viele Gesten und Signale sorgen dafür, dass es so bleibt. Hier begrüßen sich die Partner.

Die Sprache der Wölfe

Du weißt nun schon, dass Wölfe in Rudeln zusammenleben und gemeinsam auf die Jagd gehen. Wie bei Menschenfamilien auch, ist es für ein gutes Zusammenleben wichtig, miteinander zu reden. Da Wölfe jedoch natürlich nicht so sprechen können wie Menschen, ist in einem Wolfsrudel die Körpersprache enorm wichtig. Ähnlich wie bei Hunden zeigt sie, in welcher Stimmung das Tier gerade ist. Ein entspannter Wolf hat eine lockere Körperhaltung, die Ohren stehen gerade, das Maul ist geschlossen oder leicht geöffnet, der Schwanz hängt nach unten. Wenn ein Wolf aggressiv ist, ängstlich und unterwürfig, so verändern sich seine Körperhaltung und die Mimik.

Überbeißen

Beim Überbeißen klemmt der überlegene Wolf die Schnauze des unterlegenen Tiers zwischen seinen Zähnen ein. Zu Verletzungen kommt es dabei aber nicht.

Neugierig, aber entspannt

Bereit zu Angriff oder Verteidigung

Ängstlich, unterwürfig

Auch im Wolfsrudel gibt es manchmal Streit. Dann knurren sich die Tiere gegenseitig an und blecken die Zähne. Zu ernsten Verletzungen kommt es aber bei einem Familienstreit so gut wie nie. Wenn allerdings ein fremder Wolf oder gar ein anderes Rudel in das Revier eindringt, kann es zu sehr heftigen Auseinandersetzungen kommen, die sogar den Tod eines Tieres zur Folge haben können.

Wölfe verstehen

Ein aggressiv gestimmter Wolf, hier auf dem Bild links, hat einen starren Blick. Die Ohren sind aufgestellt und nach vorne gerichtet. Das Maul ist geöffnet, und beim Knurren werden die Zähne entblößt. Die Nacken- und Rückenhaare sind dann gesträubt, und der Schwanz ist erst erhoben, um zu imponieren, beim Angriff dann waagrecht gestreckt.

Ein ängstlicher oder unterwürfiger Wolf, hier rechts und in der Mittezu sehen, hat die Augen zu schmalen Schlitzen zusammengezogen, die Ohren liegen flach am Kopf an. Mit einem Winseln äußern die Tiere ihre Angst auch hörbar. Der Schwanz ist dann zwischen den Beinen eingeklemmt oder abgesenkt, und bei großer Angst oder Unterwürfigkeit legen sich die Tiere sogar auf den Boden und zeigen den Bauch.

Wölfe wandern oft weite Strecken – um ein neues Revier zu finden oder auf der Suche nach Nahrung

Wanderwolf

Anhand der Urin-Markierung am Baum stellt der Wolf fest, dass dieses Revier bereits besetzt ist

Wie schon erwähnt, verlassen junge Wölfe meist mit ein oder zwei Jahren ihre Eltern, um sich auf die Suche nach einem eigenen Revier zu machen. Dabei legen sie manchmal beachtliche Strecken zurück. Der Wolf „Alan“ zum Beispiel ist im Jahr 2009 von Sachsen in kurzer Zeit bis nach Weißrussland gewandert. In nur vier Monaten hat er dabei mit einigen Pausen eine Strecke von über 1 500 Kilometern zurückgelegt, manchmal mehr als 75 Kilometer am Tag! Als er noch in der Lausitz lebte, hatte man ihm ein Halsband umgelegt, das ständig Nachrichten über seinen Aufenthaltsort an die Forscher schickte. Deshalb wusste man immer gut Bescheid, wo er sich aufhielt.

Auch „Slavc“, ein Wolf aus einem Rudel an der slowenisch-kroatischen Grenze, wanderte fast 1 000 Kilometer durch Slowenien, Österreich, Südtirol und Norditalien, um am Ende seiner Reise eine junge Wölfin zu treffen.

Nicht immer gefällt es den Wanderwölfen in der Ferne: Der Bruder von Alan, „Karl“, machte von Sachsen aus einen langen Ausflug bis fast nach Berlin. Anscheinend behagte es ihm dort aber nicht, und er wanderte schnurstracks zurück in die Lausitz, wo er in der Nähe seines Elternreviers ein neues Rudel gründete.

Aber auch Wölfe, die schon ein festes Revier haben, wandern lange Strecken. Auf der Suche nach Nahrung und um ihr Revier zu markieren, absolvieren sie dabei durchschnittlich jeden Tag einen Marathonlauf, also über 40 Kilometer.

Wölfe am Sender

Um Genaueres über die Wanderungen und Aufenthaltsorte von Wölfen zu erfahren, statten Forscher einige Wölfe mit einem Senderhalsband aus. Dafür werden die Tiere zunächst gefangen und betäubt. Nach einer ausführlichen Untersuchung bekommen sie ein Halsband mit einer Batterie und einem Sender um. Den kannst Du Dir vorstellen wie ein Handy: Er sendet in regelmäßigen Abständen eine SMS an die Forscher, mit dem Aufenthaltsort des Wolfes. Das Halsband wiegt nur ein paar hundert Gramm und stört den Wolf nicht besonders. Nach ein paar Jahren fällt es von alleine wieder ab.

In vielen Ländern dürfen Wölfe nach wie vor bejagt werden. Aber auch bei uns schießen Menschen die Tiere ab, obwohl das streng verboten ist.

Gejagter Jäger – Wölfe in Gefahr

Wie Du weißt, gab es über 150 Jahre lang keine Wölfe in Deutschland, weil der Mensch sie gejagt und ausgerottet hat. Obwohl Wölfe heutzutage bei uns unter strengem Schutz stehen, gibt es immer noch Menschen, die sie totschießen. Vielleicht mögen sie die Wölfe nicht, oder sie wollen das Fell verkaufen. Wir wissen es nicht, da die Täter meistens nicht gefasst werden. Seit der Rückkehr der Wölfe wurden schon 23 getötete Exemplare gefunden. Wahrscheinlich wurden noch mehr Wölfe absichtlich getötet, die aber von den Tätern versteckt wurden, damit sie niemand findet.

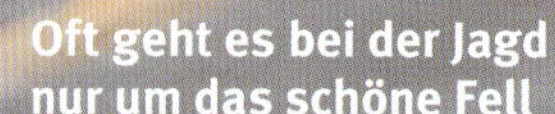

Oft geht es bei der Jagd nur um das schöne Fell

Eine weitere Gefahr für Wölfe in Deutschland ist der Verkehr. Besonders junge Wanderwölfe werden immer wieder von Autos und Zügen überfahren. Jedes Jahr sterben mehrere Wölfe auf unseren Straßen. Auch viele andere Wildtiere werden Opfer des Verkehrs. Da immer mehr Straßen wie zum Beispiel Autobahnen gebaut werden, ist dies eine ernste Bedrohung. Mindestens 250 000 Wildtiere werden jedes Jahr in Deutschland von Autos getötet! Um das zu verhindern, baut man Grünbrücken mit Sträuchern und Bäumen darauf. So können Tiere auch große Straßen gefahrlos queren.

Der Straßenverkehr ist weltweit eine ernste Gefahr für Wölfe

Um einen Wolf in der Natur beobachten zu können, brauchst Du schon viel Glück

Begegnungen mit dem Wolf

Nicht sehr viele Menschen bekommen einen Wolf in freier Wildbahn zu Gesicht. Wenn man sich auf die Suche nach ihnen macht, braucht man sehr viel Glück und Geduld, um wirklich einmal welche zu sehen. Das hängt damit zusammen, dass Wölfe uns Menschen normalerweise aus dem Weg gehen. Sie sind sehr vorsichtige Tiere, und mit ihren scharfen Sinnen erkennen sie mögliche Gefahren schon frühzeitig.

Wenn Du in einen Wald gehst, in dem es Wölfe gibt, brauchst Du also keine Angst zu haben. In der Regel hört und riecht der Wolf Dich schon aus der Ferne und macht einen Bogen um Dich. Außerdem haben Wölfe, wie Du bereits weißt, sehr große Reviere. Die Wahrscheinlichkeit, einem zu begegnen, ist also eher gering. Sollte ein Wolf doch einmal in Deine Nähe kommen, beachte bitte die Regeln, die Eule Xabi für Dich zusammengestellt hat.

Sind Wölfe für uns Menschen gefährlich? Nur wenige Fälle sind in den letzten Jahren aus Europa bekannt, in denen Wölfe Menschen angegriffen oder sogar getötet haben. Diese Wölfe hatten entweder die Tollwut oder wurden durch Menschen provoziert. Die Tollwut ist eine schwere Krankheit, die die betroffenen Wildtiere ganz wirr im Kopf macht. In Deutschland gibt es zum Glück keine Tollwut bei großen Wildtieren mehr.

Von gesunden Wölfen, die nicht durch Anfütterung an den Menschen gewöhnt oder provoziert werden, geht normalerweise keine Gefahr für uns aus!

Was tun, wenn ich einem Wolf begegne?

Solltest Du in der Natur tatsächlich einmal einen Wolf sehen, ist es wichtig, ein paar Hinweise zu beachten.

1) **Verhalte Dich leise und beobachte in aller Ruhe, wie sich der Wolf verhält. Nutze die seltene Gelegenheit, dieses Tier in freier Natur zu beobachten.**
2) **Versuche nicht, dem Wolf hinterherzulaufen, dadurch kannst Du ihn verunsichern.**
3) **Wölfe sind keine Kuscheltiere. Auch wenn Welpen sich aus Neugier vielleicht zutraulich verhalten: Versuche niemals einen Wolf anzufassen oder zu streicheln.**
4) **Solltest Du Angst bekommen, klatsche in die Hände oder rufe laut und ziehe Dich langsam zurück. Renne nicht weg.**
5) **Bitte füttere Wölfe nicht, dadurch können sie sich an den Menschen gewöhnen.**
6) **Wenn Du mit einem Hund im Wolfsgebiet unterwegs bist, leine ihn am besten an.**
7) **Bitte melde Deine Wolfssichtung bei der örtlichen Naturschutzbehörde.**

Diese Regeln gelten auch für andere Tiere, wie Wildschwein, Fuchs und Reh, denen Du wahrscheinlich viel häufiger im Wald begegnen wirst.

Hilfe für den Wolf

Wie Du jetzt weißt, finden Wölfe in Deutschland genug Raum zum Leben und ausreichend Beute – aber nur, wenn der Mensch sie auch lässt. In Gegenden, in denen Menschen leben, kann es zu Problemen kommen. Umwelt- und Artenschutzorganisationen helfen daher den Wölfen und den Menschen, damit das Zusammenleben wieder funktioniert.

Auch die wissenschaftliche Erforschung des Wolfes ist sehr wichtig. Wildbiologen werden dabei unterstützt, Wölfe mit Sendern auszustatten oder an geeigneten Plätzen Fotofallen aufzustellen, um so den Aufenthalt und die Wanderrouten der Wölfe bestimmen zu können.

Viele Wölfe sterben leider durch den Straßenverkehr. Daher helfen diese Organisationen auch bei der Planung von Lebensraumkorridoren, also Verbindungen zwischen verschiedenen Lebensräumen, zum Beispiel durch Grünbrücken.

So alt!

Unter optimalen Bedingungen wird ein Wolf in der Natur maximal etwa 10 bis 13 Jahre alt. In Tierparks und Zoos kann er auch 16 oder 17 Jahre erreichen.

Nach wie vor gibt es bei vielen Menschen Vorurteile gegenüber dem Wolf. Daraus resultiert eine der wichtigsten Aufgaben – die Öffentlichkeitsarbeit. Die Menschen sollen verstehen lernen, dass der Wolf keine Gefahr für sie darstellt und auch ein Recht hat, hier zu leben. Deshalb sprechen Wolfsforscher und Experten mit der Bevölkerung, in deren Gebiet sich Wölfe angesiedelt haben, und führen zum Beispiel Informationsaktionen an Schulen durch.

Wenn Du Dich aktiv für den Wolf einsetzen möchtest, dann informiere Dich am besten im Internet über die unterschiedlichen Naturschutzverbände. Für den Wolf engagieren sich in Deutschland besonders die folgenden:

- **Gesellschaft zum Schutz der Wölfe**
- **Freundeskreis freilebender Wölfe**
- **NABU – Naturschutzbund Deutschland**
- **WWF Deutschland (auch in der Schweiz und in Österreich ist der WWF aktiv)**
- **IFAW, der sich auch für den Schutz des Wolfes in Deutschland stark macht**

Intakte Lebensräume sind die Grundvoraussetzung dafür, dass der Wolf wieder bei uns leben kann

Ein Forscher spürt einem Wolf nach, der einen Sender trägt. Mit der Antenne kann er die Signale auffangen.

In die Falle getappt – Fotofallen im Einsatz

Viele Wildtiere leben sehr heimlich und gehen Menschen eher aus dem Weg. So auch der Wolf. Wie Du jetzt weißt, ist er meistens in der Dämmerung und nachts unterwegs, und man bekommt ihn deshalb nur selten zu Gesicht. Um trotzdem herauszubekommen, wo und wie viele Wölfe und andere Wildtiere es gibt, setzen Forscher immer häufiger Foto- oder Kamerafallen ein. Das sind Kameras, die von alleine ein Foto machen, wenn ein Vier- oder Zweibeiner vorbeiläuft. Sehr empfindliche Bewegungssensoren merken, wenn sich etwas vor der Kamera bewegt, und schießen leise das Foto. Die Kamera macht auch nachts Bilder und kann mehrere hundert Aufnahmen speichern. Meistens befestigen die Biologen sie an einem Baum, und zwar dort, wo es Wechsel gibt. Ein Wechsel ist wie eine kleine Straße für Tiere mitten im Wald, denn auch Tiere nutzen häufig immer die gleichen Wege. Das erkennst Du daran, dass hier ganz viele Spuren zu finden sind.

Mit einer solchen Kamerafalle werden vorbeikommende Wildtiere automatisch fotografiert. Unten siehst Du einige Aufnahmen, die damit entstanden.

Meistens merken die Tiere gar nicht, dass sie fotografiert werden. Auch nicht nachts, denn der Blitz hat eine ganz spezielle Farbe, die diese Tiere nicht sehen können. Manchmal ist aber doch ein Exemplar dabei, das sich beobachtet fühlt oder „nicht gerne im Rampenlicht steht“. Solche Tiere blicken meistens etwas skeptisch oder rennen davon.

Durch die Fotos können Forscher viel über das Verhalten der Wölfe herausfinden

Wolfsspuren von denen großer Hunde zu unterscheiden, ist nicht immer einfach

So sieht ein Pfotenabdruck des Wolfs aus

Extra: Spurenleser

Bist Du ein guter Spurenleser? Es ist gar nicht so einfach, die Spuren von Wolf, Fuchs, Hund und Luchs auseinanderzuhalten! Insbesondere Hunde- und Wolfsspuren sind sehr leicht zu verwechseln. An einem einzelnen Abdruck kannst Du sogar überhaupt nicht unterscheiden, ob es sich um Wolf oder Hund handelt. Denn wie Du mittlerweile weißt, ähneln sich die beiden sehr, und ein großer Hund sieht einem Wolf mitunter ähnlich.

Das wichtigste Merkmal für eine Wolfsspur ist daher der „geschnürte Trab“. Dabei setzt der Wolf beim Laufen die Hinterpfote immer genau dahin, wo die Vorderpfote war. Das ist bei seinen langen Wanderungen sehr kräftesparend. Füchse machen so etwas auch, aber ihre Pfotenabdrücke sind deutlich kleiner. Hunde zeigen keinen langen geschnürten Trab. Und den Abdruck einer Luchspfote kannst Du daran erkennen, dass sie keine Krallenabdrücke hinterlässt. Luchse ziehen nämlich wie fast alle Katzen ihre Krallen beim Laufen ein, damit sie schön scharf bleiben.

Bei diesem Timberwolf siehst Du, dass die Hinterpfote genau dorthin gesetzt wird, wo sich kurz zuvor noch die Vorderpfote befand

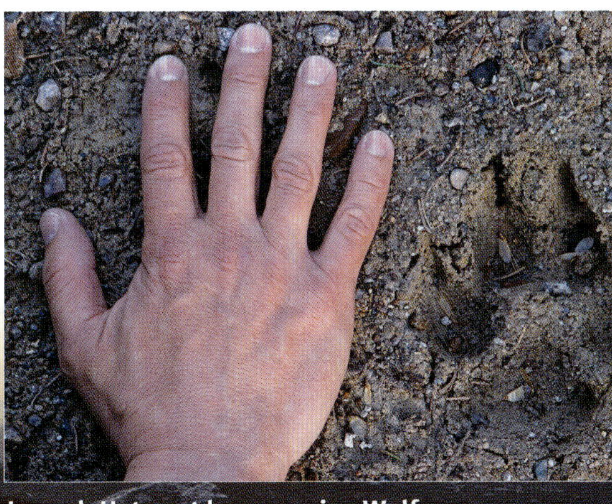

Je nach Unterart kann so eine Wolfsspur ganz schön groß sein!

Beim geschnürten Trab entsteht eine lange Reihe von Pfotenabdrücken

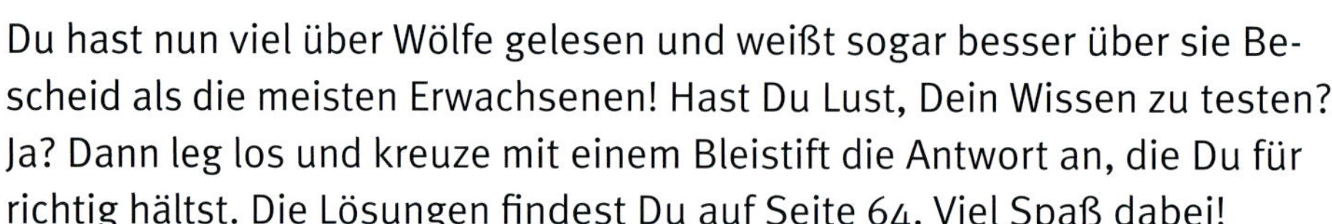

Großes Wolfs-Quiz

Du hast nun viel über Wölfe gelesen und weißt sogar besser über sie Bescheid als die meisten Erwachsenen! Hast Du Lust, Dein Wissen zu testen? Ja? Dann leg los und kreuze mit einem Bleistift die Antwort an, die Du für richtig hältst. Die Lösungen findest Du auf Seite 64. Viel Spaß dabei!

1. Warum heulen Wölfe?
a) Weil sie traurig sind .... ❍
b) Weil sie den Vollmond toll finden ...... ❍
c) Um sich miteinander zu verständigen ❍

2. Ein Totemtier ist ...
a) ... ein Beutetier des Wolfes .... ❍
b) ... ein Schutzgeist oder Ahne der Indianer .... ❍
c) ... ein Mensch, der sich bei Vollmond in einen Wolf verwandelt .... ❍

3. Wie heißt die Geschichte von dem Menschenjungen Mogli, der im Dschungel von Wölfen großgezogen wird?
a) Das Dschungelbuch .... ❍
b) Tarzan .... ❍
c) Rotkäppchen und der Wolf .... ❍

4. Polarwölfe haben kleinere Ohren, weil ...
a) ... es in ihrer Heimat im hohen Norden sehr still ist .... ❍
b) ... sie dadurch besser mit eiskalten Temperaturen zurechtkommen .... ❍
c) ... sie vom Menschen so gezüchtet wurden .... ❍

5. Seit wann kehren die Wölfe wieder nach Deutschland zurück?
a) Seit 1989 .... ❍
b) Seit 2000 .... ❍
c) Seit 2016 .... ❍

6. Wie groß kann ein Wolfsrevier in Deutschland sein?
a) Bis zu 50 000 Fußballfelder .... ❍
b) Bis zu 1 000 Fußballfelder .... ❍
c) Wölfe haben kein festes Revier .... ❍

7. Der nächste wildlebende Verwandte des Wolfes in Deutschland ist ...
a) ... die Kegelrobbe .... ❍
b) ... der Luchs .... ❍
c) ... der Fuchs .... ❍

8. Wann begann sich der Hund vom Wolf abzuspalten und zum Haustier zu werden?
a) Vor mehr als 100 000 Jahren .... ❍
b) Vor etwa 9 000 Jahren .... ❍
c) Gar nicht, da der Hund nicht vom Wolf, sondern vom Schakal abstammt .... ❍

9. Wie lange kann ein Wolf ohne Nahrung auskommen?
a) Bis zu zwei Monate .... ❍
b) Bis zu zwei Wochen .... ❍
c) Bis zu zwei Tage .... ❍

10. Was jagen Wölfe nicht?
a) Schafe und Ziegen .... ❍
b) Rehe und Hirsche .... ❍
c) Zebras und Gnus .... ❍

11. Wie können Halter von Schafen ihre Herde vor Wölfen schützen?
a) Gar nicht .... ❍
b) Durch Wassergräben .... ❍
c) Durch Herdenschutzhunde und Elektrozäune .... ❍

12. Wie groß sind die meisten Wolfsrudel in Deutschland?
a) Zwei Tiere .... ❍
b) Sechs bis acht Tiere .... ❍
c) Mehr als zwölf Tiere .... ❍

13. Wie schnell können Wölfe rennen?

a) Bis zu 50 Kilometer pro Stunde .... ❍
b) Bis zu 100 Kilometer pro Stunde .... ❍
c) Wölfe rennen nicht, sondern laufen nur sehr langsam .... ❍

14. Warum gibt es Wölfe mit Sender-Halsbändern?

a) Forscher wollen damit mehr über die Tiere herausfinden .... ❍
b) Der Besitzer will immer wissen, wo sich sein Wolf gerade befindet .... ❍
c) Um Wölfe fernzusteuern, damit sie keine Schafe fressen .... ❍

15. Was ist der „geschnürte Trab"?

a) Der Wolf zieht die Krallen beim Trab ein .... ❍
b) Der Wolf setzt beim Trab die Hinterpfote immer genau dahin, wo die Vorderpfote war .... ❍
c) Der Wolf setzt beim Trab die Vorderpfote immer genau dahin, wo die Hinterpfote war .... ❍

16. Wie weit laufen Wölfe durchschnittlich am Tag?

a) 20 Kilometer pro Tag .... ❍
b) 40 Kilometer pro Tag .... ❍
c) 70 Kilometer pro Tag .... ❍

17) Wieso werden Wölfe auch die „Gesundheitspolizei" des Waldes genannt?

a) Weil Wölfe regelmäßig von Polizeibeamten auf Krankheiten untersucht werden .... ❍
b) Weil Wölfe eher kranke, schwache und alte Tiere fressen und somit den Huftierbestand gesund halten .... ❍
c) Weil sie wie Wachhunde über den Wald hüten und Eindringlinge davonjagen ... ❍

18) Wie heißen beim Wolf das Männchen und das Weibchen?

a) Bock und Ricke .... ❍
b) Hengst und Stute .... ❍
c) Rüde und Fähe .... ❍

19) Welcher Sinn ist beim Wolf am besten ausgeprägt?

a) Riechen .... ❍
b) Schmecken .... ❍
c) Sehen .... ❍

20) Was sind Grünbrücken?

a) Brücken, die grün angemalt sind, damit sie von den Autofahrern besser gesehen werden .... ❍
b) Brücken, auf denen Pflanzen wachsen und die als Überquerungshilfe für Wildtiere dienen .... ❍
c) Fußgängerbrücken, die im Wald über Schluchten gebaut sind .... ❍

Konntest Du viele Fragen richtig beantworten? Dann kannst Du Dich nun auf Deinen Lorbeeren ausruhen ...

Lösungen zum Wolfs-Quiz:

1) c: Um sich über weite Entfernungen hinweg miteinander zu verständigen.
2) b: Einige Indianerstämme Nordamerikas verehren heilige Totemtiere, wie den Wolf, als Schutzgeist oder Ahne von Personen.
3) a: Das Dschungelbuch von dem britischen Autor Rudyard Kipling.
4) b: Das ist eine Anpassung an die große Kälte in Kanada und Grönland. Denn durch die kleinen Ohren verlieren sie sehr wenig Körperwärme.
5) b: Die Rückkehr der Wölfe nach Deutschland begann im Jahre 2000 in der Lausitz, einer Region an der Grenze zu Polen.
6) a: Ein Wolfsrevier in Deutschland ist zwischen 200 und 400 Quadratkilometer groß. Oder: Bis zu 50 000 Fußballfelder!
7) c: Der nächste wildlebende Verwandte des Wolfes in Deutschland ist der Rotfuchs. Er ist der einzige mitteleuropäische Vertreter der Füchse.
8) a: Forscher gehen heute davon aus, dass die Domestizierung bereits vor mehr als 100 000 Jahren begonnen und mehrfach unabhängig voneinander stattgefunden hat.
9) b: Selbst wenn alle ihre Vorräte zu Ende gegangen sind, können Wölfe noch bis zu zwei Wochen ohne Nahrung überstehen.
10) c: Wölfe jagen keine Zebras oder Gnus, da diese Tiere nur in Afrika vorkommen und es dort keine Wölfe gibt.
11) c: Herdenschutzhunde und Elektrozäune sind ein guter Schutz gegen Wolfsangriffe auf Schafherden.
12) b: Eine Wolfsfamilie besteht bei uns meist aus sechs bis acht Tieren.
13) a: Bis zu 50 Kilometer pro Stunde können Wölfe über kurze Distanzen rennen. Das ermöglicht ihnen, ihre Beute zu hetzen, einzuholen und zu überwältigen.
14) a: Um Genaueres über die Wanderungen und Aufenthaltsorte von Wölfen zu erfahren, haben Forscher einige Wölfe mit einem Senderhalsband ausgestattet.
15) b: Das wichtigste Merkmal für eine Wolfsspur ist der „geschnürte Trab“. Dabei setzt der Wolf beim Laufen die Hinterpfote immer genau dahin, wo die Vorderpfote war. Das ist bei seinen langen Wanderungen sehr kräftesparend.
16) b: Auf der Suche nach Beute und um ihr Revier zu markieren, laufen Wölfe im Schnitt 40 Kilometer am Tag. Wenn sie abwandern, um ein eigenes Revier zu finden, sogar bis zu 70 Kilometer.
17) b: Zur Beute des Wolfes gehören meistens Jungtiere und Tiere, die schwach oder alt sind. Damit trägt er als „Gesundheitspolizist“ auch dazu bei, dass die Bestände seiner Beutetiere stark und agil bleiben.
18) c: Der männliche Wolf wird auch Rüde genannt, das Weibchen ist die Fähe.
19) a: Über drei Kilometer weit können Wölfe ihre Beutetiere oder andere Wölfe riechen. Die Nase von Wölfen ist rund 500 Mal empfindlicher als unsere Nase.
20) b: Grünbrücken sind mit Sträuchern und Bäumen bepflanzt. So können Tiere auch große Straßen gefahrlos überqueren.

Entdecke die Reihe mit der Eule!

Entdecke die Eulen

Entdecke die Greifvögel

Entdecke die Geier

Entdecke die Rabenvögel

Entdecke die Spechte

Entdecke die Finken

Entdecke die Spatzen

Entdecke die Eisvögel

Entdecke die Zugvögel

Entdecke die Singvögel

Entdecke die Meisen

Entdecke die Kraniche

Entdecke die Störche

Entdecke Schwäne, Gänse & Enten

Entdecke die Möwen

Entdecke die Pinguine

Entdecke die Papageien

Entdecke die Kolibris

Entdecke die Fledermäuse

Entdecke die Hunde

Entdecke die Schafe

Entdecke die Kühe

Entdecke die Pferde

Entdecke die Esel

Entdecke die Igel

Entdecke die Maulwürfe

Entdecke die Waschbären

Entdecke die Biber

Entdecke die Otter

Entdecke heimische Wildtiere

Entdecke die Wölfe

Entdecke die Bären

Entdecke die Tiger

Entdecke die Menschenaffen

Entdecke Affen und Lemuren

Entdecke die Hyänen

Entdecke die Pandas

Entdecke die Elefanten

Entdecke die Nashörner

Entdecke die Giraffen

Entdecke die Antilopen

Entdecke die Erdmännchen

Natur und Tier - Verlag GmbH
An der Kleimannbrücke 39/41 · 48157 Münster

Telefon: 0251 - 13339-0 · Fax: 0251 - 13339-33
E-Mail: verlag@ms-verlag.de · www.ms-verlag.de